BEI GRIN MACHT SICH IHR
WISSEN BEZAHLT

Ontologie, Zeit und Logik bei Georg Wilhelm Friedrich Hegel

Eine Einführung

Claus Lippe

Bibliografische Information der Deutschen Nationalbibliothek:

Die Deutsche Nationalbibliothek verzeichnet diese Publikation in der Deutschen Nationalbibliografie; detaillierte bibliografische Daten sind im Internet über http://dnb.d-nb.de abrufbar.

ISBN: 9783346225283
Dieses Buch ist auch als E-Book erhältlich.

© GRIN Publishing GmbH
Trappentreustraße 1
80339 München

Druck und Bindung: Books on Demand GmbH, Norderstedt Germany
Gedruckt auf säurefreiem Papier aus verantwortungsvollen Quellen

Das vorliegende Werk wurde sorgfältig erarbeitet. Dennoch übernehmen Autoren und Verlag für die Richtigkeit von Angaben, Hinweisen, Links und Ratschlägen sowie eventuelle Druckfehler keine Haftung.

Das Buch bei GRIN: https://www.grin.com/document/909653

Ontologie, Zeit und Logik

Eine Einführung in Georg Wilhelm Friedrich Hegels Logik

von

Claus Lippe

2020

Dem Andenken

an

Frank Matthies

Gewidmet

Ontologie, Zeit und Logik
Eine Einführung in Georg Wilhelm
Friedrich Hegels Logik

1.1.Einleitung

Wir teilen Fred Sommers Ontologieverständnis, Ontologie
verbinde die Sachen, über die wir reden mit den Sorten von
Dingen, die wir über diese Sachen sagen und lehnen mit
Sommers die Ansicht Willard van Orman Quines ab, dass wir
nicht denkend auseinanderhalten können, wovon wir
reden und was wir darüber sagen.

Wir machen im Folgenden die Erkenntnis von Adelhard
Scheffczyk, dass Gegenständlichkeit nur als Sinn und
Bedeutung in die Logik eingehen kann, fruchtbar.
(Scheffczyk (1974), S. 58)

Hegel hat Licht darauf geworfen, dass und wie jedes relevante
Seiende durch die Logik geregelt wird.

Hegel denkt in erhellender Art und Weise Ontologie und Logik
zusammen, da Logik die allgemeine Theorie der Möglichkeiten
bzw. der Regulation der Seienden und des Seins ist.

1.2. Hegels impliziter Grundgedanke

Zu Sinn und Bedeutung, die wohlunterschieden sind,
verweisen wir auf unsere Arbeit „Wahrheit, Wille und
Kontrafaktizität". (Lippe (2020), S. 14)

Das Weltganze ist in Allem in gleichem Grade präsent,
 aber in unterschiedlicher Weise, nämlich in der Art und Weise
der Eingefaltetheit seiner im Verhältnis der Verhältnisse der
Verhältnisse
von Bedeutungen-Sinn-Sequentialisierungen
zu Bedeutungen-Sinn-Konstellationen
und
von Bedeutungen-Sinn-Implikationen
zu Bedeutungen-Sinn-Inzidenzen
bzw.
von Bedeutungen-Sinn-Implikationen
zu Bedeutungen-Sinn-Konstellationen
und
von Bedeutungen-Sinn-Sequentialisierungen
zu Bedeutungen-Sinn-Inzidenzen
 bzw.
von Bedeutungen-Sinn- Implikationen
zu Bedeutungen-Sinn-Sequentialisierungen
und
 von Bedeutungen-Sinn-Inzidenzen
zu Bedeutungen-Sinn-Konstellationen.

1.3. Ein Jegliches weiß durch die Logik, wie es sich zu verhalten hat als Zeitentität

Somit wird für jede relevante Entität ihre
Verhaltensverortetheit bezüglich des Weltganzen
in apriorischer Perfektabilität ewig eine Funktion
ihrer Verortetheit als individuelle Zellorganizität ideellen
Bestehens ideellen Sinn-Bedeutungen-Bewendens
im Zusammenhang der individuellen Geltungswirksamkeit der
Allwirksamkeit der Anwesenheit
des Weltganzen hinsichtlich ihrer.

Dies ist auch der tiefere Grund, warum Hegel die Existenz
auch den Abbruch des Werdens nennt. (L II 120- 123)
Mit der Existenz begegnet uns eine von fünf Unmittelbarkeiten
der Logik, die wir später noch behandeln werden.

Die oben beschriebene gemeinsame Situiertheit von Zeit und
Logik ist genau das, was Vitttorio Hösle mit der Struktur des
Absoluten thematisiert.
Das Absolute ist eine Struktur die begründet, dass sie eine
sich selbst begründende Struktur ist, die sich als sich
konstituierend konstituiert. (Hösle (1987), S.261)

Stefan Majetschak hat ebenso richtig erkannt, dass ewig
dasjenige ist, dessen logische Struktur das Absolute realisiert;
demnach sind der Geist, der hegelsche Begriff und die
absolute Idee ewig. (Majetschak (1992), S.130)

Der hegelsche Begriff ist das Wesen des Geistes und zugleich die Ewigkeit in der Zeit, welch letzteren Ausdruck Jean Paul Sartre geprägt hat. (Sartre (2005), S.199)

Der hegelsche Begriff rekombiniert differente alternative Kausalverknüpfungen mit der kontrafaktischen Potentialität der zeitlichen Wahrheiten bezüglich dem Inbegriff apriorischer Wahrheiten als zum Übergang der Urnatur Gottes zu kontrafaktisch konditionalen Kausalketten als zur Folgenatur Gottes;

so dass die Zeit sowohl der logisch daseiende hegelsche Begriff, als auch die Endlichkeit der Wahrheit ist. Zu Wahrheit verweisen wir auf unsere Arbeit „Wahrheit, Wille und Kontrafaktizität".

Für die Zeit gilt mithin, dass die Zeit nach vorwärts verzweigende diskrete Zeit ist und nach rückwärts lineare kontinuierliche Zeit ist.

2. Hegels technische Sprache, Reflexion, Gesetztsein

Christian Iber beschreibt die hegelsche Reflexion in ihrer objektiven Art und Weise treffend, wenn er festhält, die Reflexion sei dasjenige, das seinen eigenen Ausgang als Rückkehr setze und erst darin das ist, das anfängt oder das zurückkehrt. (Iber (1990), S. 148)

Der Geist ist Rückkehr aus der Natur in sich bzw. Weise der Rückführung aus der Natur, wobei die Natur die absolute Idee in ihrem Anderssein ist.

In der Wesenslogik, die Theorie der inneren Relationen ist, scheinen die Denkbestimmungen ineinander, wobei der hegelsche Schein die in sich umgewendete reflexive Andersheit ist.

In der Seinslogik ist die Bezogenheit der Denkbestimmungen aufeinander die des Übergehens ineinander; und in der Begriffslogik stehen die Denkbestimmungen zueinander in der Bezüglichkeit der Entwicklung.

Das Gesetztsein ist das Negative der Rückkehr in sich als Negatives. Hegel schreibt:
„Das Gesetztsein fixiert sich zur Bestimmung eben darum, weil die Reflexion die Gleichheit mit sich selbst in ihrem Negiertsein ist,
ihr Negiertsein ist daher selbst Reflexion-in-sich.
Die Sichselbstgleichheit der Reflexion, welche das Negative nur als Negatives als Aufgehobenes oder Gesetztes hat, ist es, welche demselben Bestehen gibt."7 (L II 32,33)

Jede Bestimmung ist Negation, wie wir seit Spinoza wissen und mithin geprägt durch die rückkoppelnde Abhebung von dem, was sie alles nicht ist. (Spinoza Brief v. 2.6.1674)

Es kommt bei der hegelschen doppelten Negation darauf an, den Ausgang im Resultat festzuhalten und somit das Negierte auf den Ausgang zurückzubeziehen.

Die Zeit ist die Negativität als Äußerlichkeit und die negative Einheit des Außersichseins.

Das Quantitative fungiert im Außersichsein der Bestimmtheit.

Die positive Einheit ist als wesentliche Unmittelbarkeit das Insichreflektiertsein der negativen Einheit.

Die negative Einheit ist die einfach gesetzte Bestimmtheit der positiven Einheit.

In der Einheit von Einheit und Differenz der Selbstbestimmung des hegelschen Begriffs wird die positive Einheit in der Einheit von positiver Einheit und negativer Einheit als Unterschied von sich gesetzt und artikuliert sich als Werden, da die Zeit der Prozeß durch itzt und Zukunft ehemals als ein Werden zu sich ist.

Hegel schreibt zur Dialektik von Form und Inhalt:
„Der Grund ist negativ sich auf sich beziehende Identität, welche sich dadurch zum Gesetztsein macht, sie bezieht sich negativ auf sich, indem sie identisch in dieser ihrer Negativität mit sich ist, diese Identität ist die Grundlage oder der Inhalt, der auf diese Weise die gleichgültige oder positive Einheit der Grundbeziehung ausmacht und das Vermittelnde derselben ist." (L II 96)
Da die Zeit ein Außersichkommen ist und die bestimmende

Reflexion die außer sich gekommene Reflexion ist, hat die Reflexionsbestimmung zwei Seiten, nämlich Gesetztsein und Reflexion-in-sich.

Überhaupt ist das unendliche Denken Reflexion-in-sich von Reflexion-in-sich und Reflexion-in-anderes, wohingegen die Existenz Reflexion-in-sich und Reflexion-in-anderes ist.

Peter Rohs hat den Grund, warum die endlichen Dinge in die Zeit fallen und das wahrhaft Unendliche nicht in die Zeit fällt bzw. überzeitlich und ewig ist, herausgearbeitet:
„Das Unendliche ist sich selbst seine Form, das Endliche hat seine Form außer sich und ist von ihr unterschieden.
Das Unendliche ist sich selbst seine ursprüngliche Synthesis.
Das Verhältnis der Sache zu ihrer Form ist für das Endliche Grund der Endlichkeit, für das Unendliche Grund der Unendlichkeit.
Das Hinausgehen über die Grenze ist in dem einen Fall ein Vergehen, in dem anderen ein Zurückgehen, eine Rückkehr." (Rohs (1982), S.115)

Die wahrhafte Unendlichkeit bezieht sich im Endlichen positiv auf sich selbst und ist so in Einheit mit dem Endlichen das sogenannte Ideelle.

Zum Verhältnis der Verhältnisse von Unterscheiden und Gesetztsein und von Aufheben und Bestehen bzw. zur es regelnden Logik der Form erklärt Hegel:
„Die Form hebt ihr Unterscheiden selbst auf und ist darin die Identität mit sich, welche das Bestehen der Bestimmung ist; sie ist der Widerspruch in ihrem Gesetztsein aufgehoben zu sein und an diesem Aufgehobensein das Bestehen zu haben."9 (L II 86)

Die Wirklichkeit als negative Formeinheit ist setzendes Gesetztsein.

Möglichkeit ist reflektiertes Insichreflektiertsein.

Das Absolute ist in dem Sinne vorraussetzungslos als die einzelnen Denkbestimmungen nur als sich aufhebende Voraussetzungen sind.

Der hegelsche Begriff macht explizit, was die einzelnen Denkbestimmungen mit ihrem Geltungsanspruch mit Hinngelten ihres Sinnüberhangs Kraft kontrafaktischer Potentialität in apriorischer Perfektabilität ewig für sich konditional eröffnenden Zukunftshorizont zu besinnen geben mit ihrem implizite Vorraussetzen und konditional Einbeziehen der offenen Zukunft hinsichtlich der Allgeltung des Absoluten.

Da die Reflexion ein reflexives Abstoßen von sich selbst ist, welches dabei im Abstoßen zugleich auf sich selbst zurückgestossen ist, ist die Reflexion zugleich Setzen der Unmittelbarkeit (Gesetztsein) und das Aufheben (Vorraussetzen des Grundes der Unmittelbarkeit oder die Reflexion-in-sich).

„Wie es sich ergeben hat ist dies Vorraussetzen das auf das Setzen rückschlagende Setzen;

der Grund ist als das aufgehobene Bestimmtsein nicht das Unbestimmte, sondern das durch sich selbst bestimmte Wesen, aber als unbestimmt oder als aufgehobenes Gesetztsein Bestimmtes.

Er ist das Wesen, das in seiner Negativität mit sich identisch ist."

So kann bezüglich der Selbstbestimmung des hegelschen Begriffs der Grund als aufgehobene Reflexion fungieren.

Wie Christian Iber herausgearbeitet hat, ist in der Wesens-logik das Positive die Einheit von Gesetztsein und Reflexion-in-sich, wobei eine Reflexion in die Gleichheit statt hat, und so, dass die Bezogenheit des Positiven eine Funktion seiner Selbstständigkeit ist.

Das Negative ist in der Wesenslogik die Einheit von Gesetztsein und Reflexion-in-sich als in die Ungleichheit reflektiert und so, dass die Selbstständigkeit eine Funktion seiner Beziehungsstruktur ist.

3. Die 3 Momente des hegelschen Begriffs

Der hegelsche Begriff ist „die Selbstständigkeit, welche das sich von sich Abstoßen in unterschiedene Selbstständige, als dies Abstoßen identisch mit sich, und diese bei sich selbstbleibende Wechselbewegung nur mit sich ist."
 (E § 158)

Der hegelsche Begriff hat 3 Momente, nämlich die Allgemeinheit, die Besonderheit und die Einzelheit.

Das erste Moment des hegelschen Begriffs ist die Allgemeinheit.
Die Allgemeinheit besteht in der sich auf sich beziehenden Negation.

Das zweite Moment des hegelschen Begriffs ist die Besonderheit.
Die Besonderheit besteht in der in der sich auf sich beziehenden Negation impliziten einfachen oder ersten Negation.

Das dritte Moment des hegelschen Begriffs ist die Einzelheit.
Die Einzelheit besteht in der sich auf sich beziehenden Negation, die als solche gesetzt ist.

4. Die 5 Unmittelbarkeiten der Logik

Wenden wir Reinhard Hiltschers Begriffsbestimmung der
Erkenntnis (gedachter Gegenstand) und des Gegenstandes
als bestimmbare Bestimmtheit (Erkenntnis) und als
bestimmte Bestimmbarkeit (Gegenstand) auf die in 1. gegebene
Beziehungsgesamtheit von Ontologie, Zeit und Logik an,
so erhalten wir: (Hiltscher (1998), S. 96)

Eine kontinuierliche Regelung möglicher und realer Praxis
wird je statt in den Kontrolleinheiten aufgehobener Rückkehr
in sich und aufgehobener Negation als Unmittelbarkeiten
vermittels vermittelt reflexiver Selbstständigkeit im
Wechselverhältnis zueinanderstehender sich auf sich
beziehender bestimmter Bestimmbarkeit einerseits und/mit sich
auf sich beziehender bestimmbarer Bestimmtheit andererseits
bzw. mithin von sich sequenzierenden Denkbestimmungen
einerseits und Sinn und Fundamentallogik des in Geltung
setzenden hegelschen Begriffs andererseits,
wobei beides seinen Selbstbezug im und als Fremdbezug
realisiert, nämlich im Bedeutung eröffnen bzw. im
reziproken Sinn geben/mitteilen.

13

Die erste von 5 Unmittelbarkeiten in Hegels Wissenschaft der Logik bzw. der Logik ist das unbestimmte Unmittelbare, worin Sein und Nichts ununterscheidbar und identisch sind.

Diese Unmittelbarkeit ist der pragmatische Nullhorizont der Logik bzw. Gottes und Anfang für die Darstellung der Wissenschaft der Logik.

Diese Unmittelbarkeit ist pragmatischer Nullhorizont, weil für Gott die offene Zukunft und seine unvordenkliche ewige Vergangenheit hinsichtlich der Selbstbestimmung des hegelschen Begriffs zusammenfallen als ewiger Horizont der Selbstbestimmung des hegelschen Begriffs bzw. ewiger Horizont der Konstitution des Absoluten

Die absolute Intersubjektivität der reziproken Sinn-und-Bedeutung Aufspannung in der Projektion der Logik ist je schon in apriorischer Perfektabilität in Sein und Nichts dissoziiert.

Mit dieser ursprünglichen An- und Rückbindung von Sein und Nichts an Sinn und Bedeutung tritt die wahrhafte Unendlichkeit als produktive Ressource auf den Plan und vervielseitigt sich als ursprüngliche Synthesis zur Geburt der Zeit bzw. aus dem ewigen Horizont der Konstitution der Zeit als logisch daseiendem Begriff wird je und je jeweilig die Natur entlassen als Schöpfung der Natur bzw. Konstitution des logischen Kosmos für jeden Tropfen Zeit in ewiger Gegenwart der absoluten Idee, mit dem Vollzugshorizont für die reale Zeit als Negativität der Äußerlichkeit und negative Einheit des Außersichseins, dass Natur in creatio continua hervorgeht, was die zweite Unmittelbarkeit der Logik ist, mit dem Inzidentersein des logischen Kosmos in jedem realen Tropfen Zeit.

14

Die dritte Unmittelbarkeit der Logik ist uns oben schon begegnet, nämlich die Existenz oder anders ausgedrückt die aufgehobene Reflexion des Grundes.

Die vierte Unmittelbarkeit der Logik ist das Bestehen, welches in der bestimmenden Reflexion statt hat.

„Die Einheit des reflektierten und des unmittelbaren Bestehens, oder der Formeinheit und der äußerlichen Selbstständigkeit." ist die Kraft (L II 146)

Es gilt:
Das Innere ist das Wesen, aber als die Totalität, welche wesentlich die Bestimmung hat, auf das Sein bezogen und unmittelbar Sein zu sein."

„Das Äußere ist das Sein, aber mit der wesentlichen Bestimmung, auf die Reflexion bezogen, unmittelbar ebenso verhältnislose Identität mit dem Wesen zu sein." (L II 158)

Die Zufälligkeit „ist das gesetzte unvermittelte Umschlagen des Innern und Äußern oder des Insichreflektiertseins und des Sein ineinander, - gesetzt dadurch, daß Möglichkeit und Wirklichkeit, jede an ihr selbst diese Bestimmung hat, dadurch daß sie Momente der absoluten Form sind." (L II 174)

Schließlich gibt es noch eine fünfte Unmittelbarkeit der Logik, nämlich die Objektivität, an der sich der hegelsche Begriff als an der aufgehobenen Reflexion des Begriffs bezüglich Gottes als Inbegriff apriorischer Wahrheiten orientiert, so dass sich im Verhältnis apriorischer zu zeitlichen Wahrheiten Spinozas Vermutung von Wahrheit als ihr eigenes Richtmaß bestätigt.

Es gilt nämlich:

Die Einzelheit des hegelschen Begriffs bestimmt die in sich zusammengeschlossene Totalität einer Gedankensequenz von Denkbestimmungen in Vergleichung mit der Objektivität des hegelschen Begriffs und der absoluten Sinn-Bedeutungen-Intersubjektivität als ein Mangelhaftes und kehrt sich nach außen bzw. es hat ein Außersichkommen der Reflexion zur somit bestimmenden Reflexion statt.

Bibliographie

G.W.F. Hegel : Werke in zwanzig Bänden, hg. E.
MoldenhauervK.M. Michel. Frankfurt 1969-1971
Bd. 6 Wissenschaft der Logik II Suhrkamp Verlag
Bd.10 Enzyklopädie der philosophischen Wissenschaften

Reinhard Hiltscher: Wahrheit und Reflexion.
Bonn: Bouvier Verlag 1998

Vittorio Hösle:„Begründungsfragen des objektiven
Idealismus" in Forum für Philosophie Bad Homburg (ed)
Philosophie und Begründung 212-267.
Frankfurt: Suhrkamp Verlag 1987

Christian Iber: Metaphysik absoluter Relationalität.
Berlin: Walter de Gruyter Verlag 1990

Claus Lippe: „Wahrheit, Wille und Kontrafaktizität".
München: GRIN Verlag 2020

Stefan Majetschak: Die Logik des Absoluten.Spekulation
und Zeitlichkeit in der Philosophie Hegels. Berlin:
Akademie Verlag 1992

Willard van Orman Quine: Word and Object.
Cambridge Massachusetts: MIT Press 1960

Peter Rohs: Form und Grund.
 Bonn: Bouvier Verlag 1982

Fred Sommers: The Logic of Natural Language.
Oxford: Clarendon Press 1982

Jean Paul Sartre: Entwürfe für eine Moralphilosophie.
Deutsch von Hans Schöneberg ,Vincent von Wroblersky .
Hamburg: Rowohlt Verlag 2005

Adelhard Scheffczyk: Formalität unn innerer Sinn.
Dissertation Köln 1974

Baruch de Spinoza: Sämtliche Werke, Bd. 6.
Briefwechsel übersetzt und herausgegeben von
Wolfgang Bartuschat.
Hamburg: Felix Meiner Verlag 2017